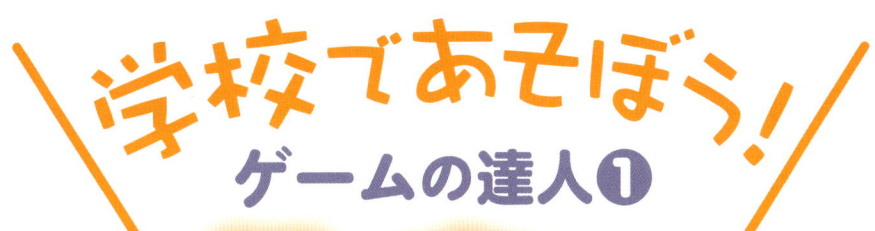

学校であそぼう！
ゲームの達人 ❶

教室のあそび

竹井史郎・著

岩崎書店

もくじ

- さいごの1ぽん ……… 12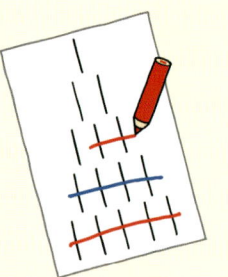
- なんと言った？ ……… 14
- スピード数(かず)あて ……… 4
- はな・はな ……… 16
- 親指数(おやゆびかず)あて ……… 6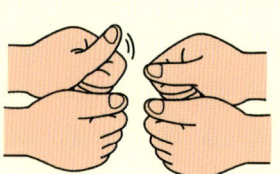
- はんたいゲーム ……… 18
- せなか文字(もじ) ……… 8
- 宝(たから)ものは、なに？ ……… 20
- えんぴつストップ ……… 10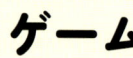
- バン！ゲーム ……… 22

教室のあそび

スピード数あて

ふたりの手をすばやく出して、指の数をあてるあそびです。

1 じゃんけんで、親を決めます。
親はすきな数を言います(0,5,10,15,20)。
数を言うのと同時に、親と子は手を出します。
手を出さなかったら「0」ということです。
親が言った数と、出された指の数があえば、
親のかちで、そのまま親を続けます。

手は「パー」のかたちで！

2 ふたたび、親が数を言います。
同時に、ふたりとも、すばやく手を出します。
親の言った数(10)とふたりの指の合計が
あったので、親のかちです。親を続けます。

こんどは、親の言った数(20)と、出された指の数がちがったので、親のまけです。
親をこうたいします。

ふたたび、親が数を言います。すぐに、ふたりとも、すばやく手を出します。親の言った数(5)とふたりの指の合計があったので、親のかちです。
親を続けます。

3人であそぶこともできます。

3人なので、親は、
「0,5,10,15,20,25,30」の
数しか言えません。

このあそびは、親のことばにつられて、思わず手を出してしまう楽しいあそびだぞ。中国から長崎に伝わり、長崎で日本独自のあそびに変化した、「伝承あそび」なのだ。親は、自分で数を言うのと同時に手を出し、子は、タイミングがあうようによく見はからって、すばやく手を出すのだぞ！

教室のあそび

親指数あて

ふたりの立てた親指の数をあてるあそびです。
数があたると、1つの手を引っこめられます。

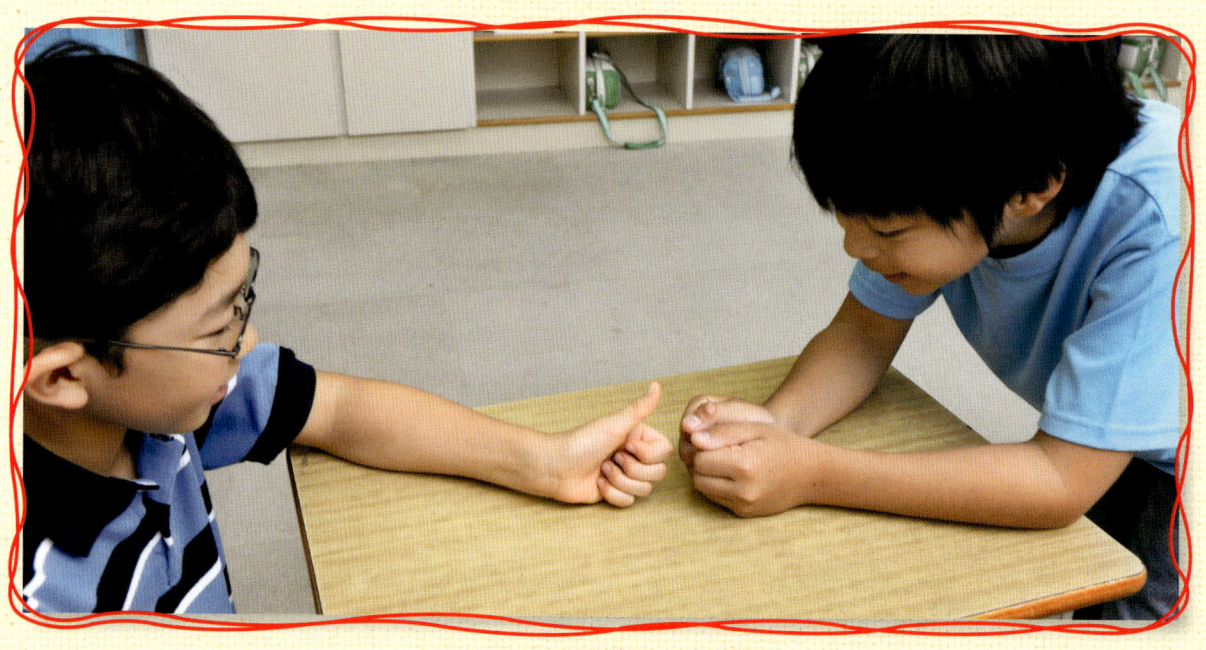

1 じゃんけんで、さいしょの親を決めてから、絵のように、ふたりの手をおきます。

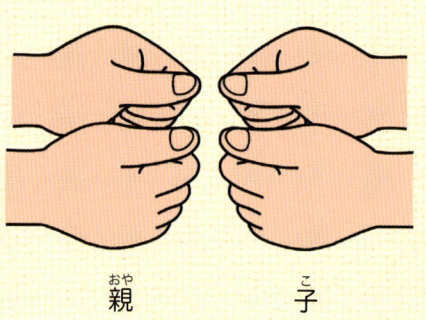
親　　　子

2 親は数（0〜4）を言って、それと同時に、親指を立てます。
親が言った数（1）と、ふたりが立てた親指の数があえば、親のかちです。
親は、手を1つ、引っこめます。

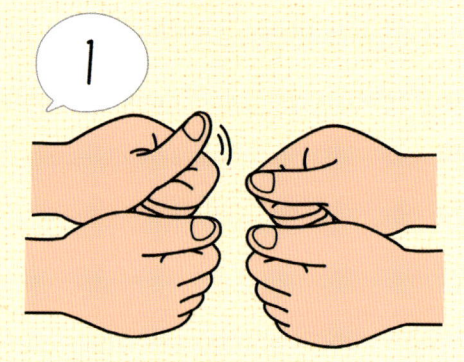
親　　　子

 親の言った数(3)と、立てた親指の数がちがったら、親のまけです。

 親をこうたいして、あそびを続けます。

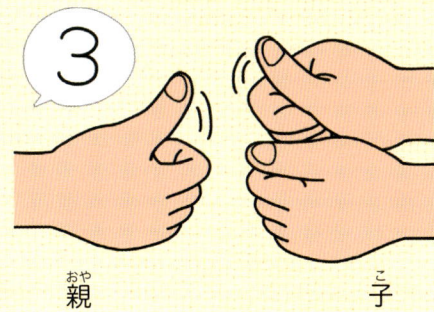
親　　　子

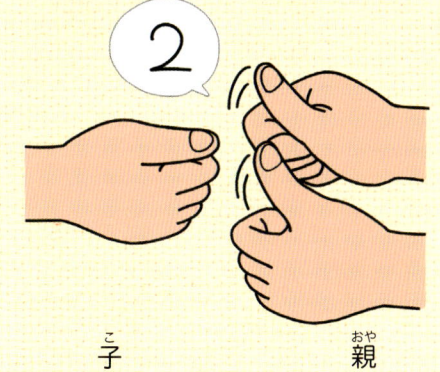
子　　　親

 早くりょうほうの手を引っこめられた人が、かちです。

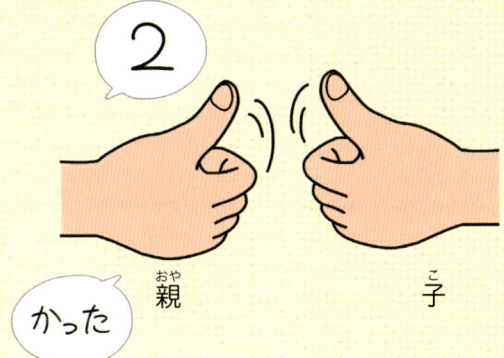
かった　親　　　子

3〜4人であそぶこともできます。

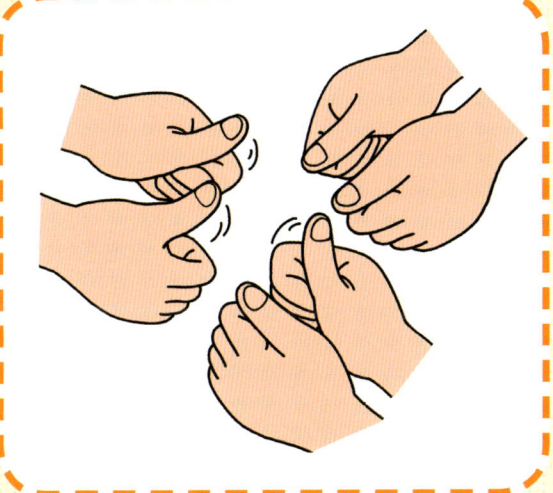

P4〜5の「スピード数あて」と同じようなあそびだぞ。かちぬき戦や、全員とのそうあたり戦で、たくさんの友だちとあそんでみるのもいいぞ。1度に3〜4人であそぶこともできる。3人の場合は0〜6、4人の場合は0〜8までの数を、はじめは言うことになるわけだな。

教室のあそび

せなか文字

せなかに数字や文字を書いて、なにを書いたかあててあそびます。

1 あいてのせなかに数字や文字を書いて、書かれた人は、その数字や文字をあてます。
わからなかったときは、もう1回書いてあげます。

2 わかったら、書かれた数字や文字を言います。
あたったら、こうたいしてゲームを続けます。

3〜4人でリレーしてみよう

1列になって、じゅんばんに、
せなかに書いていきます。
とちゅうの人は、こたえを
言ってはいけません。
さいごの人がこたえを言います。

手のひらに書いてみよう

手のひらをあいてのほうに向け、
人さし指で数字や漢字などを
書いてあそびます。

目をつぶって、あててみよう

書かれるほうは、目をつぶります。
あいての、書いているようすが見えなく
なるので、少しむずかしくなります。

1、2年生は数字やひらがなを、3年生
以上は漢字を出題するといいぞ。

教室のあそび

えんぴつストップ

☆よういするもの
・紙 ・えんぴつ

えんぴつを、つくえの上ですべらせるあそびです。つくえから出てしまうと、ビリになってしまいます。

1 つくえのはしから、えんぴつのおしりを少し出しておきます。

2 てのひらで、えんぴつのおしりをたたいて、えんぴつをすべらせます。

 ほかの人も、じゅんばんに、同じようにえんぴつをすべらせていきます。

 とまったえんぴつの先が、つくえのはしの線に、1ばん近い人が、1ばんです。

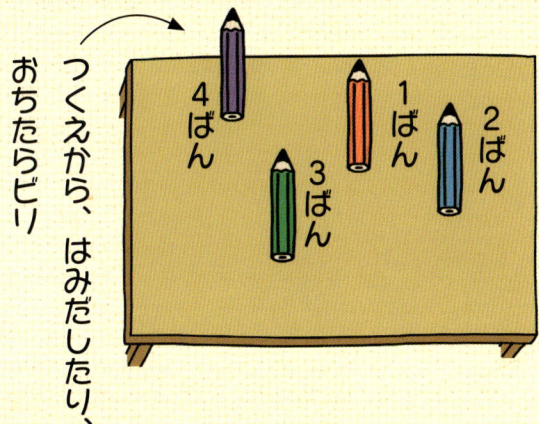

つくえから、はみだしたり、おちたらビリ

 点数表をつけながら、なん回かおこないます。

・1ばん＝1点
・2ばん＝2点
・3ばん＝3点
・4ばん＝4点

合計点数の少ない人が、かちです。

	1かい	2かい	3かい	4かい	5かい	計
かんた	2	3	3	1	3	12
たかあき	4	1	2	3	2	12
りゅうた	1	4	1	4	1	11
あつや	3	2	4	2	4	15

いきおいが強すぎると、つくえから出てしまうから、しんちょうに！えんぴつをすべらせて、横やななめになったときは、えんぴつのしんの先たんの位置で順位を決めるのだ。あそびかたは、ひとりずつじゅんばんにやってもいいし、みんないっしょに、ヨーイ、ドン！ですべらせてもいいぞ。えんぴつのかわりに、消しゴムやみじかいものさしを使うのも楽しいぞ。つくえのはしに、顔を近づけたりするのはきけん！ まわりによーく気をつけるように！

教室のあそび

さいごの1ぽん

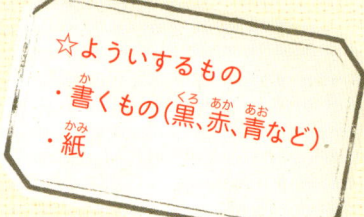
☆よういするもの
・書くもの（黒、赤、青など）
・紙

線をこうたいに消していき、さいごの線を消した人のまけです。

1 紙に、絵のようなたて線を書きます。

2 じゃんけんでかった人が、横線を1ぽん引っぱって、たて線を消します。なん本消してもいいですが、1回に2列は消せません。

3 つぎに、あいてが線を消します。（色をかえましょう）

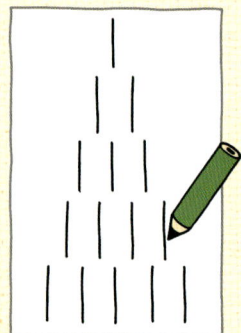

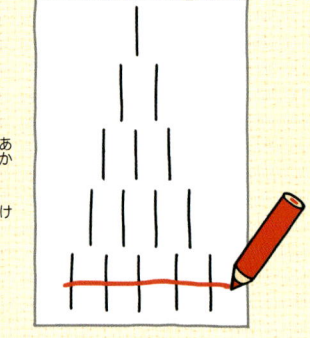
赤が消します

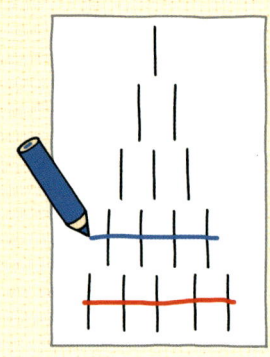
青が消します

 こうたいに、たて線を消していきます。

 さいごの1本を消した人がまけです。
（かならず1本は消さないといけません）

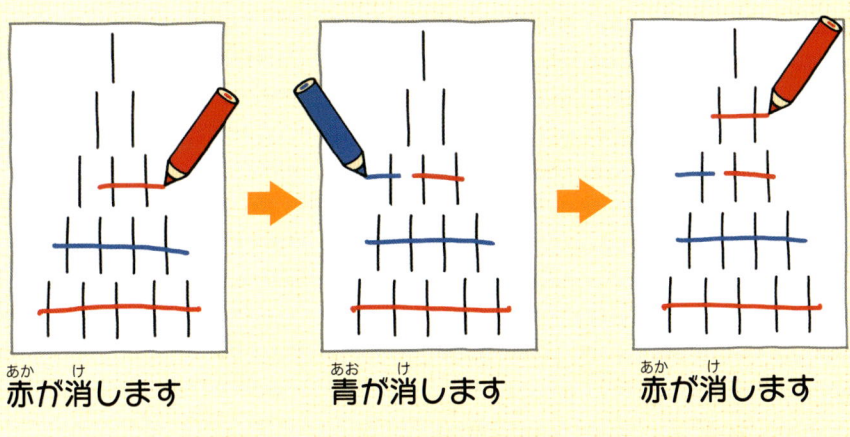
赤が消します　青が消します　赤が消します

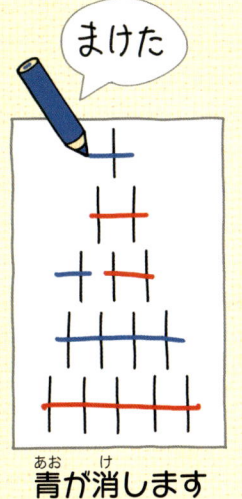
青が消します

こんなあそびかたもあります。

数をふやして、たくさんの友だちとあそぶこともできます。

石や、紙で作ったご石をならべて、こうたいにとっていきます。

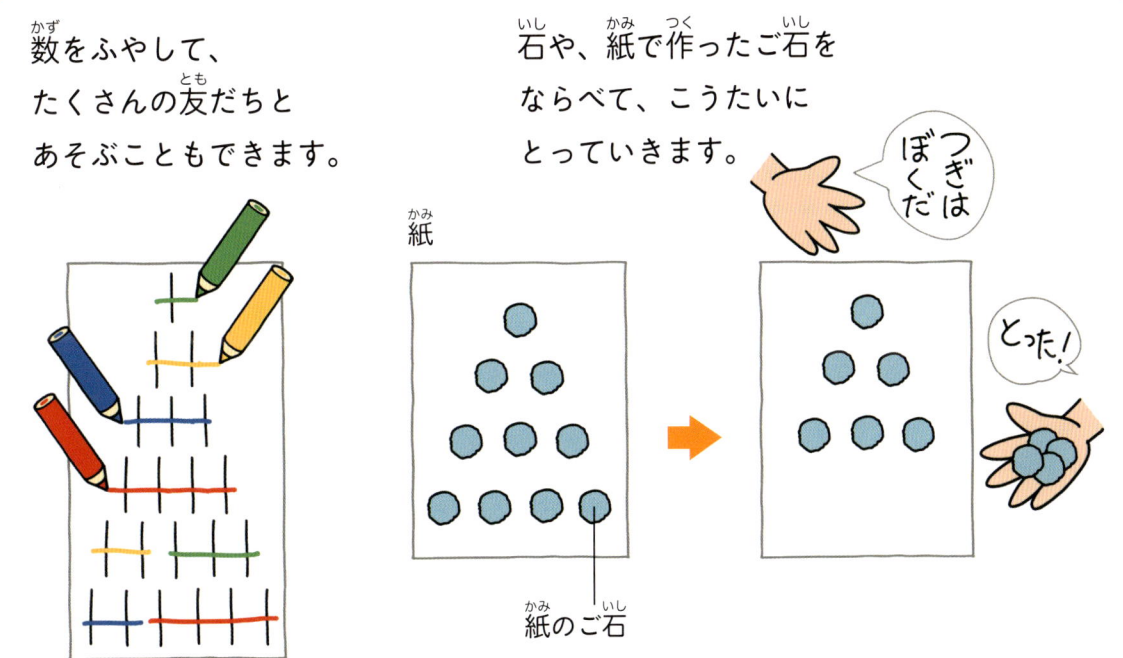

 いかにして、あいてにさいごの1本を消させるか、よく考えて消していこう。消すときの線の色をかえるのは、だれが消したのかを、わかりやすくするためだ。

教室のあそび

なんと言った？

声を出さないで、口をうごかし、言った言葉をあててあそびます。

1 リーダーを決めます。リーダーは考えた言葉の文字の数を、みんなに教えます。

2 リーダーは、声に出さずに、口をうごかして、みんなに見せます。3回くりかえします。

 わかった人は、手をあげて
こたえます。あたったら、
リーダーをこうたいします。

 こたえた人が、つぎに
リーダーになって、
ゲームを続けます。

2文字や4文字の言葉にもチャレンジしてみよう

親になった人は、口を大きくあけて、はっきりとみんなに見せてくれ。
2文字の言葉は、あんがいとわかりにくいが、「ん」は、口の形が読まれ、
わかりやすいぞ。3回くりかえしても、わからない人が多かったら、
サービスでもう1回やってあげよう！

はな・はな

リーダーとおなじところを指さしたら、まけというゲームです。

1 リーダーを決めます。みんなは1列にならびます。

リーダー

みんな

2 リーダーは「はな・はな」と言いながら、さいしょにじぶんのはなを指さします。つづけて「耳！」と言いながら、じぶんの耳を指さします。そのときみんなは、耳いがいのところを指さしていなければなりません。リーダーにつられて耳を指さした人は、ゲームからはずれます。

リーダー　はな・はな・みみ

みんな　しまった

 リーダーは「はな・はな・あたま」と、こんどはちがうところを指さします。

 ゲームを続け、さいごまでのこった人がチャンピオンです。つぎのリーダーになります。

顔だけでなく、体ぜんたいを指さして、あそんでみよう

リーダーと同じタイミングで指をうごかし、テンポよくやるのが、かんじんだ。大人数であそぶときは、しんぱん役をつくるとよいぞ。なんどやってもチャンピオンが決まらない場合は、のこった人全員をチャンピオンにして、はじめからやり直そう。

教室のあそび

はんたいゲーム

リーダーの指示とはんたいに頭を向けるゲームです。

1 リーダーを決めます。
みんなは1列にならびます。

みんな / リーダー

2 みんなは、リーダーが「ぐるっとまわして……」のあとに言った言葉、うごかした向きのはんたいがわに、頭を向けます。

ぐるっとまわして　上！
リーダー / みんな

 まちがえたり、頭をうごかすのがおそかった人は、列からぬけます。

ゲームを続け、さいごまでのこった人がチャンピオンです。リーダーとこうたいしましょう。

頭でなく、りょう手をつかうあそびかたもあります。

リーダーは頭をあちこちうごかして、フェイントでみんなのミスをさそうのだ。リーダーは「上・下・右・左」と言ってもいいし、「こっち！」と言って指示してもいいぞ。リーダーの指示とはんたいにうごかすのは、すばやい反射神経がひつようなのだ！

教室のあそび

宝ものは、なに？

おにが宝ものに近づくと、強くはくしゅをして、宝ものをさがしあてるゲームです。

おにをひとり決めます。
ほかの人はおににかくれて、
教室にあるものなどの中から、
「宝もの」になるものを
1つ決めます。

おに

みんな

たからものは花びんにしよう！

 おには教室を歩きまわります。みんなは、おにが宝ものに近づいたら、強くはくしゅをします。

 おにが宝ものから遠ざかったら、はくしゅを弱くします。

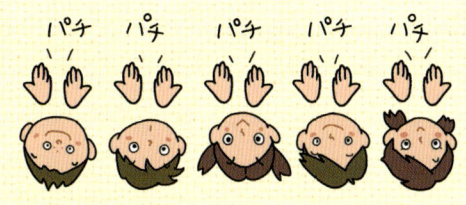

 おには、はくしゅの強弱で、宝ものがなにかをあてます。

 おにをこうたいしたら、宝ものをかえて、ゲームを続けます。

宝ものは、黒板の台などにならべるとかんたんだ。中〜高学年の場合は、さがす場所を教室ぜんたいに広げると、むずかしくなって、おもしろいぞ。

教室のあそび

バン！ゲーム

1から10までの数をじゅんばんに言ってあそびますが、言ってはいけない数が、中に入っています。

みんなで、まるくなってすわります。1から10までで、言ってはいけない数を決めます。たとえば、「3」「6」「9」とします。

3と6と9にしよう

 ひとりずつじゅんばんに、1から数を言っていきます。

 言ってはいけない数にあたった人は、その数を言うかわりに、「バン！」と言います。

 まちがえて数を言った人は、ゲームからはずれて、わの中（どぶ）に入ります。

 10まで言ったら、また1からはじめます。はじめる人や、言ってはいけない数をかえてあそんでみましょう。

数を言っていくテンポを、だんだん早くすると、おもしろいぞ。数や、「バン！」と言うのがおそくなったときも、どぶに入ろう。どぶは、つぎの人が入ってきたら、出られるぞ。

教室のあそび
ダブルスピーカー

2つの文字を、2つのほうこうから大きな声で言うあそびです。

1 2チームにわかれます。
1チームは、2文字の言葉をなにするか、決めます。

2 言葉を言うチームは、2つにわかれて、それぞれの文字を同時に、大きな声で言います。

言うチーム　「ねこ」にしよう

きくチーム

言うチーム

　ね

きくチーム

言うチーム　こ

3
きくチームの人は、なにを言ったか、みんなでそうだんして、いっしょにこたえます。

4
あたったら、言うチームときくチームをこうたいして、ゲームを続けます。
あたらなかったら、そのままつぎの言葉であそびます。

3文字、4文字の言葉でもあそんでみましょう。

みんなで声をあわせて、大きな声で言うのがだいじ！　そのほうが、きくチームがわかりにくくなるんだ。3文字、4文字の言葉にすると、よりむずかしくなるぞ！

教室のあそび

しろいは、うさぎ

みんなで、つぎつぎと言葉をつないであそびます。

1 みんなで、わになり、じゅんばんを決めます。

ぼく1ばん

2 さいしょの人は、「しろいは、うさぎ」と言います。じぶんで考えた言葉でもいいです。

しろいはうさぎ

つぎの人は、前の人の言葉に続けて、つながりがある言葉を言います。
つぎつぎと、言葉をリレーしてつないでいきます。

前に出た言葉を言ってはいけません。
また、つながりがない言葉を言ってもいけません。
まちがえた人は、「ごめんなさい」をします。
かんたんな「ばつゲーム」をしてもいいでしょう。

チームにわかれて、こうたいに言葉を言ってあそぶあそびかたもあります。

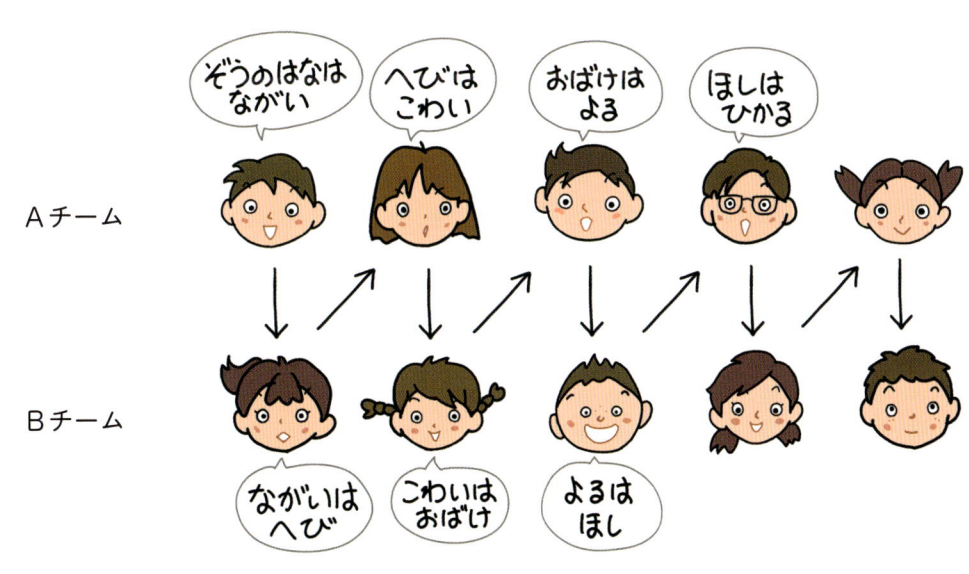

教室のあそび

なんでもバスケット

☆ようい するもの
・いす

おにが言った言葉にあてはまる人が、ほかのいすにうつるゲームです。

1 おにを決めます。
みんなで、わになって、いすにすわります。

2 おにが「赤いふく」と言ったら、ようふくに、赤いぶぶんがある人は、ほかのいすにうつります。

おには、あいたいすに
すばやくすわります。
ひとり、いすにすわれない
人が出ます。その人がつぎの
おにになります。

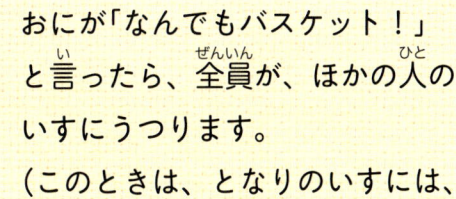
おにが「なんでもバスケット！」
と言ったら、全員が、ほかの人の
いすにうつります。
（このときは、となりのいすには、
うつれません）

おには、このときもすばやく、
あいたいすにすわります。
いすにすわれていない人が、
つぎのおにになります。

教室のあそび

いらっしゃい

☆ようい するもの
・いす

おにに「いらっしゃい」と言われた人は、おにについていくゲームです。
おにが「さようなら」と言ったら、いすにすわります。

1 おにを決めます。いすをまるくならべ、外向きにすわります。

2 おには、みんなのまわりをまわりながら、「いらっしゃい」とだれかのかたを、たたきます。おには、たのしいポーズで、まわります。

おに

いらっしゃい

おに

かたをたたかれた人は、おにの
ポーズをまねしながら、おにの
うしろをついていきます。
（おには、ときどきポーズを
　　かえましょう）

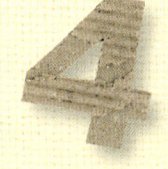
おには、なんにんかのかたを
たたき、みんなは、列に
なって、ついていきます。

おには「さようなら」と
手をふり、あいている
いすに、さっとすわります。

みんなも、すばやくいすに
すわります。ひとりだけ
あまってしまいます。その人が、
つぎのおにになります。

> おには、スキップしたり、どうぶつのまねをしたり、おもしろいポーズでまわろう。うしろをついてくる人の数がおおいほど、ぎょうれつが楽しくなるはずだ。いすをうばいあうとき、友だちを強くおしたり、つかんだりしてはだめだぞ！

ハンドタオルおとし

☆よういするもの
・ハンドタオル

おににハンドタオルをおとされた人(ひと)は、おにを走(はし)っておいかけて、つかまえるゲームです。

1 おにを決(き)めます。みんなは、まるくなってすわります。おには、ハンドタオルをもちます。

2 おには、みんなのまわりをまわり、だれかのうしろに、ハンドタオルをそっとおとします。

ハンドタオルをおとされた人は、それをもって、おにをおいかけます。

おにがとちゅうでつかまったら、もう1回、おにをやります。

おにがつかまらずに、あいているばしょにすわったら、ハンドタオルをもっている人がおにになり、そのままゲームを続けます。

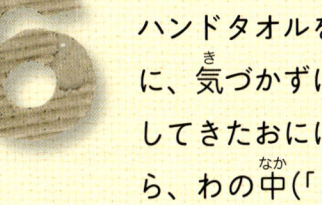
ハンドタオルをおとされたのに、気づかずに、ひとまわりしてきたおににタッチされたら、わの中(「どぶ」と言います)に入ります。

すわっている人は、ほかの人におしえたりしてはだめなのだ。おにがとおりすぎるまで、ふりかえって見たり、うしろを手でさぐったりしてはいけないぞ。どぶに入れられた人は、つぎにだれかが入ってくるまで出られないぞ！

教室のあそび

○丁目○番地

☆よういするもの
・紙　・書くもの

「○丁目○番地にだれが住んでいますか？」という文の中に、2つのヒントを入れます。そこからこたえをあてる、連想ゲームです。

1 ゲームをはじめる前に、みんなそれぞれ、2つのヒントと、そのこたえを考えておきます。それを紙に書いて、かくしもっておきましょう。

2 リーダーをひとり決めます。リーダーは紙を見ながら、問題を出します。

リーダー「海丁目8番地になにがすんでいますか？」

3 わかった人は、手をあげてこたえます。

リーダー　あたり
はい　たこ

4 あたった人がつぎのリーダーになり、ゲームを続けます。

リーダー
白丁目ササ番地になにがすんでいますか？

例（ヒントとこたえ）

〇丁目・〇番地…………こたえ

- そら・7…………にじ
- 虫・7…………テントウムシ
- 糸・8…………クモ
- タイヤ・2…………自転車
- 海・鳥…………ペンギン
- はさみ・横…………カニ
- 空・黒…………カラス
- 白・つるつる…………うどん
- やさい・赤…………トマト
- やさい・くさい…………はくさい
- ほし・すっぱい…………うめぼし
- かお・ビル…………くちびる
- 足・ボール…………サッカー

ずかんや本を参考にして、動物、植物、のりものなどから、2つのヒントが作りやすいものをさがしてみよう。「ヒント」は、おもに、こたえとなるものの「とくちょう」だ。あらかじめ、紙に問題（ヒントとこたえ）を書いておくと、リーダーになったときにべんりだ。その場で思いついたものを出題してもかまわないぞ。先生に問題を出してもらって、生徒みんなでこたえてあそぶのも楽しいぞ！

教室のあそび

れんそうゲーム

☆よういするもの
・紙　・書くもの

キャプテンの出したヒントで、こたえをみんなで考えるゲームです。

1 リーダーをひとり決めます。2チームにわかれたら、チームのキャプテンを決めます。

2 リーダーはこたえを紙にかいて、キャプテンに見せます。みんなには、こたえがわからないように気をつけます。

リーダー
キャプテン
キャプテン
Aチーム
Bチーム

リーダー
きゅうしょく
Aチーム
キャプテン
Bチーム
キャプテン

3
じゃんけんをして、かったキャプテンから、じぶんのチームにヒントを1つだけ出します。

Aチーム キャプテン 「ひる」

Aチーム 「なんだろう」

4
キャプテンのヒントから、みんなでよくそうだんして、1つのこたえを考えます。こたえが決まったら、「せーの」でいっしょにこたえます。

Aチーム キャプテン 「ちがいます」

Aチーム 「ひるね」

5
まちがっていたら、あいてチームのキャプテンが、つぎのヒントを考えて、じぶんのチームに言います。

Bチーム キャプテン 「がっこう」

Bチーム

6
あいてのチームのヒントと、こんどのヒントで、こたえを考え、「せーの」ではっぴょうします。こたえがあうまで、こうたいでくりかえしていきます。

Bチーム キャプテン 「あたり！」

Bチーム 「きゅうしょく」

> キャプテンの出すヒントは、単語（1つのことば）だけにしよう。

教室のあそび

でんごんリレー

☆ようい するもの
・紙
・書くもの

リーダーのつたえた文を、さいごの人までただしくつたえられたチームが、かちです。

1 リーダーを決めます。リーダーは、紙に文を書きます。

サッカーのれんしゅうを
あさっての3じから、
うんどうじょうで
おこないます。

2 そのほかの人は、チームにわかれて、1列にならびます。それぞれのチームのキャプテンを決めます。

赤チーム キャプテン

リーダー

青チーム キャプテン

38

3 リーダーは、キャプテンに紙を見せます。ほかの人には見えないようにします。

リーダー

青チーム
キャプテン

赤チーム
キャプテン

4 キャプテンは、じぶんのチームのさいしょの人に、小さな声で、文をつたえます。

赤チーム
キャプテン

つぎつぎと文をつたえていきます。
（もうひとつのチームも、どうように）

5 さいごの人は、つたえられた文を黒板に書きます。

赤チーム　青チーム

6 リーダーは、せいかいの文を読みあげます。ただしくつたわっていたチームのかちです。

サッカーのれんしゅうをあしたの3じから、じどうこうえんでおこないます。

サッカーのれんしゅうをあさっての3じから、うんどうじょうでおこないます。

赤のかち！

リーダー

> 低学年のばあいは、先生にリーダーになってもらって、文を考えてもらおう。高学年のばあいは、文を長めにするといいぞ。教室で、いすにすわったまま、せきの列ごとにあそべるぞ。

教室のあそび

魚・鳥・木

☆よういするもの
・紙 ・書くもの
・さしぼう

魚と、鳥と、木のなまえを、リーダーにさされた人が、すばやく言うあそびです。

1 紙に、魚、鳥、木の漢字を大きく書きます。それを、かべや黒板にはります。

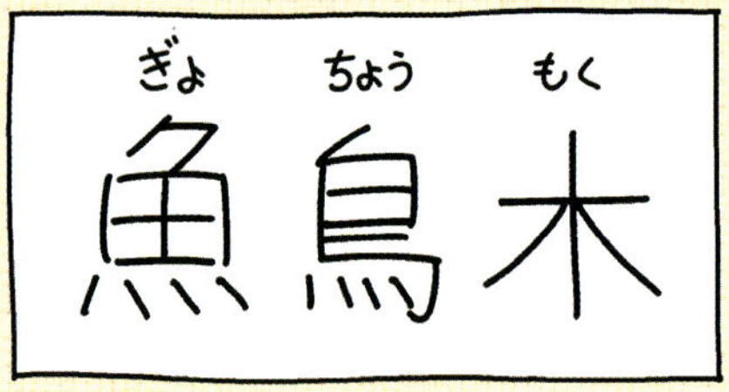

魚鳥木

2 リーダーを決めます。
リーダーははじめに
「魚鳥木、もうすか、もうすか」
と言います。
みんなは、「もうす、もうす」と言いかえします。

リーダー
魚鳥木
魚鳥木 もうすか もうすか
もうす もうす

3 リーダーは、紙の漢字をさしながら、だれかのなまえを言います。
（例「魚、えいすけくん」）
よばれた人はすぐに、リーダーがさした漢字のしゅるいのなまえを1つ、こたえます。

「えいすけくん」「魚」「たい」
リーダー　魚鳥木

「鳥」「すずめ」「はなちゃん」
リーダー　魚鳥木

4 つぎに、リーダーは、別の漢字と人をさして、ゲームを続けます。

5 10かぞえるあいだにうまくこたえられなかったり、前の人が言ったのと同じ言葉を言ったりしたら、「ごめんなさい」をします。

リーダー　魚鳥木
「ごめんなさい」「うーんえーと」「1.2.3……10！」

「木」のかわりに「虫」を入れて、「魚・鳥・虫」であそぶこともできるぞ。 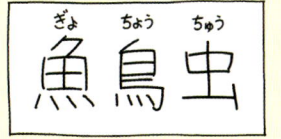
それぞれのしゅるいのなまえを、たくさんかんがえておくべし！ 紙をよういしなくても、黒板にチョークで書いてもいいぞ。

魚鳥虫

教室のあそび

早書きストップ

☆ようい するもの
・紙 ・書くもの

頭につく字が同じ言葉を5つ、
早く書いた人が
ストップといいます。

1 リーダーを決めます。
ほかのみんなは、紙とえんぴつを
よういします。

2 リーダーは、頭につく字をいいます。
みんなは、思いついた言葉を
ひらがなで書きます。

リーダー

リーダー 「か」

かに　かかし　かめ

3 5つの言葉をさいしょに書けた人は、『ストップ』といいます。ほかの人は、すぐに書くのをやめます。

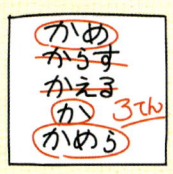

リーダー

ストップ！

かに
~~かえる~~
かんがるー
2てん

かえる
からす
かいじゅう
1てん

かめ
~~からす~~
~~かえる~~
~~か~~
かめら
3てん

4 じゅんばんに、じぶんの書いたものを読みあげます。
ほかの人と同じ言葉が出たら、消していきます。
のこった言葉の数が、じぶんの点数になります。

5 いちばん点数のおおかった人がつぎのリーダーになり、ゲームを続けていきます。

リーダー

た

たい　たる　たわし

下につく字を書くあそびかたもあります。

らいおん
あきかん
げんかん
きりん
みかん

> あそぶ人の数がふえるほど、書いた言葉がほかの人とかぶる場合がおおくなるぞ。みんなが思いつかないような言葉を考えるのがコツだ。高学年の場合は、「名詞」だけでなく、「形容詞」「動詞」など、条件を広げてみるのも楽しいぞ！

43

教室のあそび

だれが・どこで・なにをした

☆よういするもの
・紙 ・書くもの

みんなが、それぞれに作った文を入れかえると、おもしろい作文ができます。

1
ほそながい紙を、ひとり3まいずつよういします。
紙に「1」「2」「3」の数字を書きます。
（右の絵は、3人であそぶ場合です）

2
おたがいに見えないように、1に「だれが」、2に「どこで」、3に「なにをした」という、すきな文を書きます。

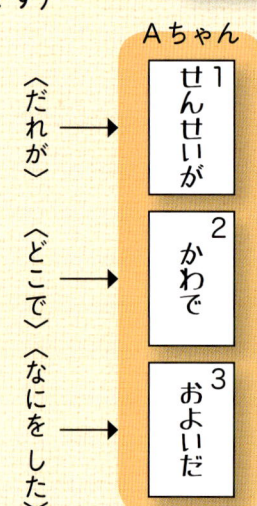

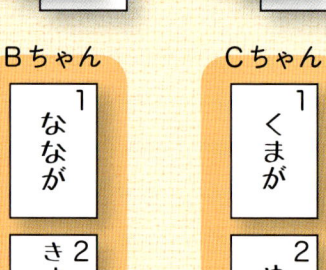

Aちゃん
〈だれが〉→ 1 せんせいが
〈どこで〉→ 2 かわで
〈なにをした〉→ 3 およいだ

Bちゃん
1 ななが
2 きょうしつで
3 ひるねした

Cちゃん
1 くまが
2 やまで
3 くりたべた

3

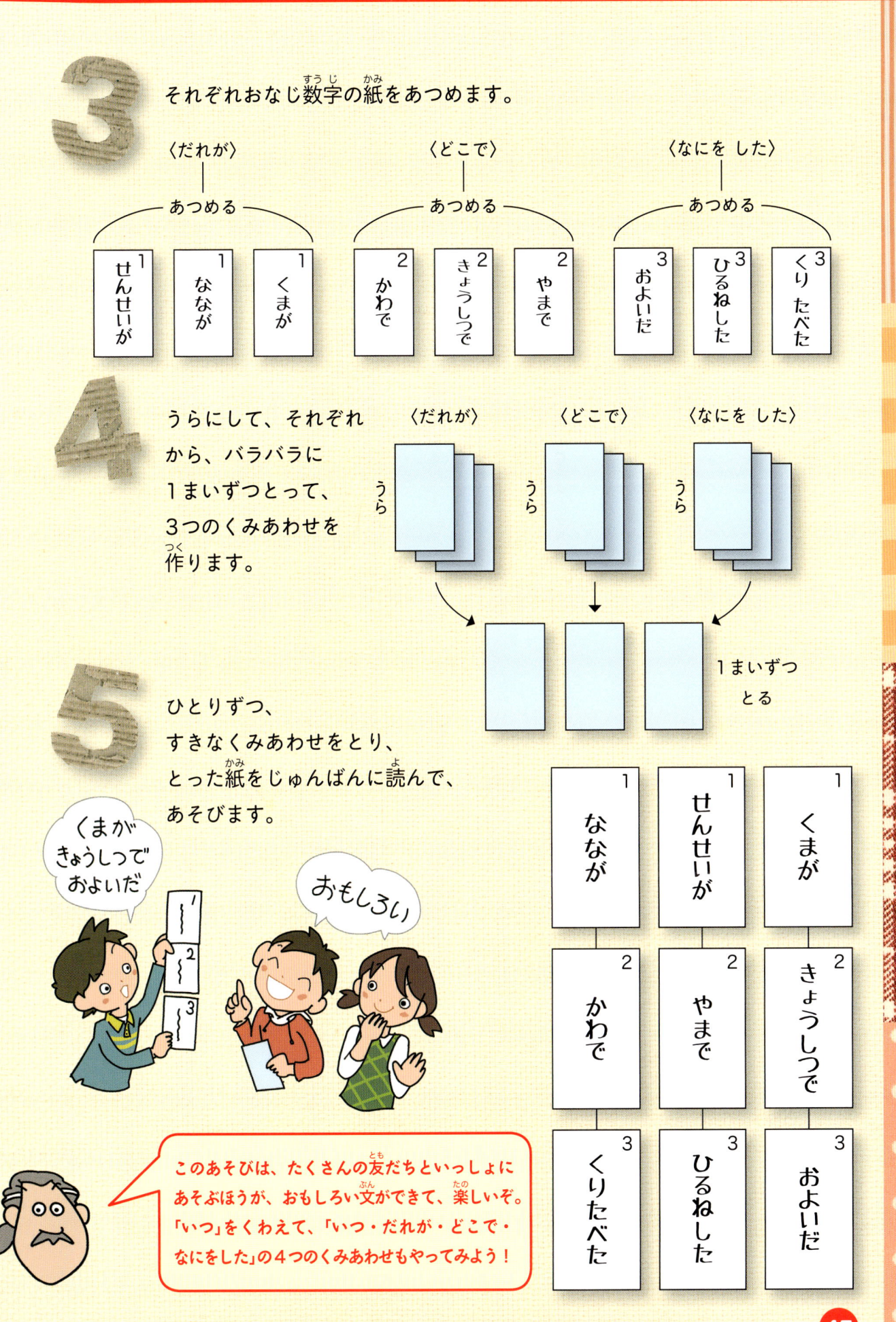

それぞれおなじ数字の紙をあつめます。

〈だれが〉 あつめる
- 1 せんせいが
- 1 ななが
- 1 くまが

〈どこで〉 あつめる
- 2 かわで
- 2 きょうしつで
- 2 やまで

〈なにを した〉 あつめる
- 3 およいだ
- 3 ひるねした
- 3 くりたべた

4

うらにして、それぞれから、バラバラに1まいずつとって、3つのくみあわせを作ります。

〈だれが〉 うら
〈どこで〉 うら
〈なにを した〉 うら

1まいずつとる

5

ひとりずつ、すきなくみあわせをとり、とった紙をじゅんばんに読んで、あそびます。

「くまが きょうしつで およいだ」

「おもしろい」

1 ななが / 2 かわで / 3 くりたべた
1 せんせいが / 2 やまで / 3 ひるねした
1 くまが / 2 きょうしつで / 3 およいだ

> このあそびは、たくさんの友だちといっしょにあそぶほうが、おもしろい文ができて、楽しいぞ。「いつ」をくわえて、「いつ・だれが・どこで・なにをした」の4つのくみあわせもやってみよう！

45

教室のあそび

漢字カードあわせ

☆よういするもの
・紙 ・カード
・書くもの

漢字のカードをくみあわせて、べつの漢字を作ってあそびます。

1 紙でカードを作り、漢字を書きます。
（47ページの漢字をさんこうにしてください）

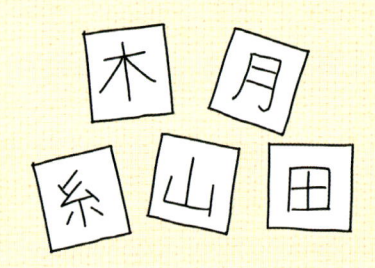

2 みんなの前にならべて、「よーい、どん！」でカードを見ながらくみあわせてできる漢字を紙に書いていきます。

よーいどん！

3

「ストップ」で、書くのをやめます。たくさんの漢字を書いた人がかちです。

Aちゃん: 明 間 百 泉 林
Bくん: 男 早 旦

「Aちゃんのかち!」

漢字のカード

一	石	立	口	糸	月
力	生	門	言	田	目
白	本	木	イ	子	十
土	市	心	見	交	日
水	黄	女	会	寺	山

このページの漢字は低学年でならうものばかりだが、ゲームは中～高学年向きかもしれないな。カードには、かんたんな漢字や、漢字の「へん」「つくり」「かんむり」「あし」をばらばらに書いておこう。

作 ● **竹井 史郎**（たけい しろう）
岡山県出身。出版社勤務をへて独立。
現在、神奈川県南足柄市で、子どものあそびの塾「金太郎塾」を主催。
いつも子どもたちと自然の中であそんでいる。
「季節・行事の工作絵本」シリーズ、『えかきうたあそび』（以上、岩崎書店）、
「やさしいこうさく」シリーズ全12巻、
「たのしい紙こうさく」シリーズ全8巻(以上、小峰書店)など著書多数。

写真 ● **伝 祥爾**（でん しょうじ）
新潟県出身。38年にわたり出版社写真部勤務。定年後も幼児向け月刊誌を
担当、立体ジオラマ撮影を得意とする。「よいこのがくしゅう」「よいこのくに」
「みみちゃんえほん」「めいさくたからばこ」(以上、学研)など。

絵 ● **内山 洋見**（うちやま ようけん）
長野市出身。多摩美術大学グラフィック科卒。
出版及びアドバタイジングにおいて教育、メディカル関連を中心に活動中。
「NEW CROWN」メインイラスト、「デイリーコンサイス」シリーズのカバー(三省堂)
を長く担当。

撮影協力 ● 小田原市立大窪小学校
　　　　　 金太郎塾

デザイン ● 山田 武

金太郎塾

学校であそぼう！ゲームの達人① **教室のあそび**

2012年10月15日 第1刷発行　　2023年10月31日 第8刷発行

著　者　　竹井 史郎
発行者　　小松崎敬子
発行所　　株式会社 岩崎書店
　　　　　〒112-0005 東京都文京区水道1-9-2
　　　　　TEL 03-3812-9131（営業）／03-3813-5526（編集）
　　　　　振替 00170-5-96822
印刷所　　三美印刷 株式会社
製本所　　大村製本 株式会社

©Shiro Takei 2012　Published by IWASAKI Publishing Co.,Ltd.
Printed in Japan.　NDC798　ISBN978-4-265-08251-3

岩崎書店ホームページ　https://www.iwasakishoten.co.jp
ご意見、ご感想をお寄せ下さい。　info@iwasakishoten.co.jp
乱丁本、落丁本は小社負担にてお取り替え致します。

本書のコピー、スキャン、デジタル化等の無断複製は著作権法上での例外を除き禁じられています。
本書を代行業者等の第三者に依頼してスキャンやデジタル化することは、たとえ個人や家庭内での
利用であっても一切認められておりません。朗読や読み聞かせ動画の無断での配信も著作権法で禁
じられています。

学校であそぼう！
ゲームの達人 ①～③
《全3巻》

竹井史郎・著

- **1巻** 教室のあそび
- **2巻** 体育館・プールのあそび
- **3巻** 運動場のあそび